BEI GRIN MACHT SICH IHR
WISSEN BEZAHLT

Sandra Bosnic

Investition und Finanzierung

GRIN Verlag

Bibliografische Information der Deutschen Nationalbibliothek:

Die Deutsche Bibliothek verzeichnet diese Publikation in der Deutschen National-
bibliografie; detaillierte bibliografische Daten sind im Internet über http://dnb.d-
nb.de/ abrufbar.

Impressum:

Copyright © 2014 GRIN Verlag GmbH
Druck und Bindung: Books on Demand GmbH, Norderstedt Germany
ISBN: 978-3-656-71025-7

Dieses Buch bei GRIN:

http://www.grin.com/de/e-book/278028/investition-und-finanzierung

GRIN - Your knowledge has value

Der GRIN Verlag publiziert seit 1998 wissenschaftliche Arbeiten von Studenten, Hochschullehrern und anderen Akademikern als eBook und gedrucktes Buch. Die Verlagswebsite www.grin.com ist die ideale Plattform zur Veröffentlichung von Hausarbeiten, Abschlussarbeiten, wissenschaftlichen Aufsätzen, Dissertationen und Fachbüchern.

Besuchen Sie uns im Internet:

http://www.grin.com/

http://www.facebook.com/grincom

http://www.twitter.com/grin_com

Investition und Finanzierung Zusammenfassung SS 14

„ Ziele" = Ein erwünschter Zukunftszustand

Zielkatalogansatz = Viele Ziele in einem Katalog

| **Quantitative Ziele** | **Qualitative Ziele** |

Hautziele (+ Nebenziele)

Systemorientierte BWL

„System" = Summe von Elementen die miteinander in Beziehung stehen

Wenn man ein System verstanden hat in seiner Komplexität

→ Man kann leichter eingreifen
→ Kleine Maßnahme → große Wirkung (nicht linear)

Erich Koisol (Formal [= Überlebensziele, Wirtschaftssytemziele]+ Sachziele [= Business Ziele, Betriebsbezogene Ziele])

❖ **Formalziele**
  ▪ Rentabilität = $\frac{ZWS\ (Entgelt\ für\ Kapitalüberlassung)}{Eingesetztes\ Kapital} * 100$
  ▪ Eigenkapitalrentabilität = $\frac{Gewinn\ (=JÜ\ bzw.Verlust)}{EK} * 100$
  ▪ Gesamtkapitalrentabilität = $\frac{Gewinn\ (GuV)+FK\ Zinsen}{GK\ (=EK+FK)} * 100$
  ▪ Umsatzrentabilität = $\frac{Gewinn+FKZinsen}{Umsatz} * 100$
  ▪ Malik = „EAE" (=Earnigs after everything)
  ▪ ROI = Return of Investment = GK $_{Rent}$
    • $GKrent = \frac{Gewinn+FK\ Zinsen}{GK} * \frac{Umsatz}{Umsatz} * 100$
    • $RoI = \frac{Gewinn+Fremdkapital\ Zinsen}{Umsatz} * \frac{U}{GK} * 100$
  o Wirtschaftlichkeitsprinzipien
    ▪ $Wirtschaftlichkeit(Wertmäßig) = \frac{Ertrag}{Aufwand} \geq 1$
  o Produktivität
    ▪ Produktivität = $\frac{Output}{Input}$
      →Arbeitsproduktivität
      → Resourcenproduktivität
      → Energieproduktivität
      →Usw.
  o Liquidität
    ▪ Inso = Insolvenzordnung
      § 17 = Zahlungsunfähigkeit
      § 18 Drohende Zahlungsunfähigkeit → voraussichtlich unfähig
      § 19 Überschuldung (Vermögen < Schulden)

- o Ethik
  - ▪ = Lehre vom sittlichen handeln → als Begrenzungs- / Unterdrückermodell
  - ▪ → Zielharmonie zwischen Ethik + Rentabilität!!!
- ❖ Sachziele
  - o Leistungsziele
    - ▪ Produktziele (Qualitätsziele, Preisziele, Sortimentsziele)
    - ▪ Marktziele (Anteilsziele, global, arealziele)
  - o Finanzziele
    - ▪ Eigenkapitalquote = $\frac{EK}{GK} * 100$
    - ▪ Verschuldungsgrad
      - • Statisch = $\frac{FK}{EK}$
      - • Dynamisch = $\frac{FK\ [€]}{Cashflow\ [\frac{€}{p}.a.]}$
    - ▪ Anlagendeckung = ADA = $\frac{EK}{AV}$ AD > 1 → Goldene Bilanzregel
      - • AD 2 = $\frac{EK+FK\ lang}{AV} \geq 1$
        - o Nichteinhaltung
          - ▪ → Liquiditätsproblem
          - ▪ → Zinsbelastung
  - o Organisation- & Führungsziele
    - ▪ Gestaltung eines Ganzen zu einer Gefüge haften Ordnung → Strukturen & Prozesse
  - o Sozial & Ökologische Ziele

„Zielsystem der Nachhaltigen Ökonomie"

Produktivität/ Reproduktivität + Rentabilität + Liquidität + Wirtschaftlichkeit + Nachhaltigkeitsethik sollten in Relation/ Beziehung zu einander stehen!!!

„Ebenen der Zielsetzung"

Strategie = Der Weg die Ziele zu erreichen

ST. Gallener Managementansatz:

„Wachstum"

a) Was ist nach Malik das Problem des Begriffes Wachstum?
   a. Wachstum ist als strategische Vorgabe falsch und gefährlich S. 37
   b. Wachstum darf nicht Input für die Strategie sein, sondern es ist ihr Output
   c. Wachstum ist das Ergebnis des gründlichen Durchdenkens des Geschäftes und seiner inneren Gesetzmäßigkeit
   d. Ein Unternehmen muss nicht groß sein, sondern stark → Größe kann Folge falscher Strategien sein
b) Was versteht Malik unter gesundem Wachstum?
   a. Die absoluten Zahlen steigen, die Relationen hingegen verschlechtern sich
      i. Produktivität steigen
      ii. Marktstellung steigt → mehr als Marktanteil
c) Was versteht Malik unter Unternehmenserfolg?
   a. 6 Schlüsselgrößen
      i. Marktstellung (Marktanteil), Image, Kundennutzen, Bekanntheitsgrad, Qualität
      ii. Innovationsleistung
      iii. Produktivität (Arbeits-, Kapital, Zeitproduktivität, Businessproduktivität)
      iv. Attraktivität (für gute Leute, Arbeitnehmer)
      v. Liquidität
      vi. Gewinn → kein Gmax

„Nachhaltigkeit" = Sustainability = Zukunftsfähigkeit

Nachhaltigkeit = Dauerhaftigkeit als Überlebensfähigkeit

Skript S 17 Historie der Nachhaltigkeit

Nachhaltige Entwicklung = Entwicklung die den Bedürfnissen der heutigen Generationen entspricht, ohne die Möglichkeit zukünftige Generationen zu gefährden, ihre eigenen Bedürfnisse zu befriedigen

Wichtig:

- Nachhaltigkeit = politisches Konzept (historisch)
  o VISION („Leitmotiv")
  o Drei-Säulen-Konzept
     a)

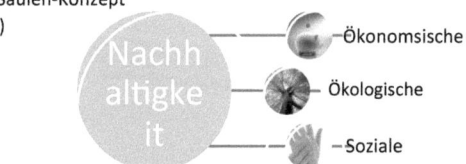

-Ökonomsische

-Ökologische

-Soziale

- Vernetzung (=Retinität) → Sollte Schnittstellen aufweisen → dafür Parameter entwickeln („Basic model of Sustainability")

Lösungsansätze der Nachhaltigkeit

→ Relationen zwischen „Natürlichen Kapital (=Wasser)" und „Kapital" (=Finanzanlagen)

- **Weak Sustainability** → macht keine Unterschiede zwischen den Kapitalen (Natürliches kann man durch Technologie ersetzen)
- **Strong Sustainability** → keine Nutzung von nicht erneuerbaren Kapital
- **Deep Ecology Movement** → very strong Sustainability

Nachhaltigkeit ist im Grundgesetz verankert (Art. 20a GG)

DNK = Deutscher Nachhaltigkeitskodex (vom Rat für Nachhaltige Entwicklung)

Bewertung von Nachhaltigen Investitionen

→ Tragen zu einer zukunftsfähigen Entwicklung bei

Darmstädter Definition von Nachhaltiger Geldanlagen

„Sie ermöglichen dies durch eine umfassende Analyse der Anlageobjekte. Sie berücksichtigt:

a) Wirtschaftliche
b) Soziale Leistungen
c) Naturverträglichkeit
d) Gesellschaftliche Entwicklungen

→ Entwicklung von Investitionsstandards = Ausschlusskriterien bzw. Screening

Skript S 25 Norwegisches Investitionsverhalten

Investition = Mittelverwendung   Finanzierung = Mittelherkunft

Investition = Anlage finanzieller Mittel in materielle und immaterielle Objekte, die für das Unternehmen von Nutzen sein soll

Desinvestition = Wiederfreisetzung der investierten Geldmittel

Investitionsmotive

Motiv = lat. „movere" = bewegen → Muster der Bewegungen (=Richtungsgebungen)

- **Egoistische Motive**
  a) Wohlfahrt
    - Einkommen, Gewinn, Rentabilitäten, Entnahmen,
    - Vermögen (Endvermögen, Barwerte)
  b) Macht
  c) Prestige
  d) Sicherheit (z. B. Forschung & Entwicklung)
  e) Unabhängigkeit
- **Altruistische Motive**
- **Ethische Motive** (Verantwortung)

ODER (nach Reihnberg)

- **Leistungsmotiv** (=Kompetenzerwerb)
- **Anschlussmotiv** (=Beziehungen aufnehmen, erhalten)
- **Machtmotiv** (=Dominanzerwerb)

Elemente der normativen Ebene aus ethischer Sicht:
- o Verantwortung
- o Kundenorientierung
- o Angemessenheit
- o Qualitätsorientierung
- o Gerechtigkeit → Leistungsgerechtigkeit
- o Solidarität

Investitionsbegriffe:
- **Vermögensbestimmter Investitionsbegriff**
  a) Umwandlung von Kapital in Vermögen (vgl. Bilanz)
  b) Enger Ansatz (AV)
  c) Weiter Ansatz: (AV + UV)
  d) Weitester Ansatz: (AV+ UV + nicht aktivierungspflichtiges Vermögen)
- **Dispositionsbestimmter Investitionsbegriff**
  a) Langfristige Festlegung finanzieller Mittel mit der Folge einer Einschränkung der Dispositionsfreiheit des Unternehmens (Kapitalgebundenheit)
- **Kombinationsbestimmter Investitionsbegriff**
  a) Kombination der Investitionsgüter in die bestehende Struktur des Anlagebestandes oder Aufbau eines neuen Anlagebestandes zum Zweck der Produktion von Gütern oder Dienstleistungen
- **Zahlungsbestimmter Investitionsbegriff (Ami denke)**
  a) Investition als Zahlungsfolge bzw. Zahlungsstrom von Ein- und Auszahlungen, wobei der Zahlungsstrom immer mit der Auszahlung A0 in der Periode t0 beginnt
  b) Differenz der Ein und Auszahlungen = Einzahlungsüberschüsse = Kassenfluss = Cash-Flow
  c) Ziel: Maximierung von Rt = Rückzahlungsstrom
  →Skizze im Skript !!!!!!! (Karteikärtchen)!

Hauptprobleme bei Investitionen

- o **Langfristiger Zeithorizont**
  a) Langfristige Kapitalbindung inkl. Fixer Belastungen (Afa, Zinsen)
  b) Starre Kostenstruktur (nehmen lange Zeit die gleichen an)
  c) Risiko der Planungsprämissen bei Langfristigkeit und deren Eintreten (z. B. FO ausfall)
- o **Knappheit finanzieller Mittel**
  a) Investitionsalternativen größer als deren Finanzierbarkeit
  b) Folge: Investitionsauswahlprozess erforderlich
- o **Komplexität**
  a) Investitionen strahen unter Umständen alle Unternehmensbereiche und haben Auswirkungen
- o **Datenmenge**
  a) Hohe Datenmengen der Innen- und Umwelt sind mit Investitionen verbunden und führen zu nicht einfachen Entscheidungsfindung

Investitionsarten

Nach…

- **Objekten**
  - a) Sachinvestitionen
  - b) Immaterielle Investitionen
  - c) Finanzinvestitionen
- **Teleologischen Bestimmungen**
  - a) Erwerbswirtschaftliche Investitionen
  - b) Umweltinvestitionen
  - c) Sozialinvestitionen
  - d) Ethische Investitionen
- **Investorentypen**
  - a) Unternehmen
  - b) Öffentliche Hand
  - c) Private Haushalte
  - d) Ganze Volkswirtschaften
- **Anlässen**
  - a) Bruttoinvestitionen/ Rationalisierungsinvestitionen = Netto + Re-investitionen
    - Reinvestition: Investitionen als Ersatz für bestehendes
      - Ersatz-, Umstellungs-, Sicherungsinvestition
    - Nettoinvestition: Neuinvestition
      - Gründungs-, Erweiterungs-, Diversifizierungsinvest.
    - Rationalisierungsinvestition: Kombination aus Re- und Nettoin.
      - Modernisierungsinvestition
- **Zeitbezügen**
  - a) Nach Umschlagstyp: wann Geld wieder zurück kommt bzw. Kapitalbindung sich auflöst
    - o Schnell umschlagende Invest. (kurzfristig)
    - o Mittelfristig (mobiles AV)
    - o Langsam umschlagende In. (immobiles AB)
  - b) Nach zeitlicher Häufigkeit
    - o Einzelinvestitionen
    - o Folgeinvestitionen (immer wieder getätigt)
    - o Investitionsketten (in bestimmter Reihenfolge)
    - o Hierarchiebezogenheit (strategisch, taktisch, operativ)

Investitionsentscheidungsprozess (immer in Klausur!!)

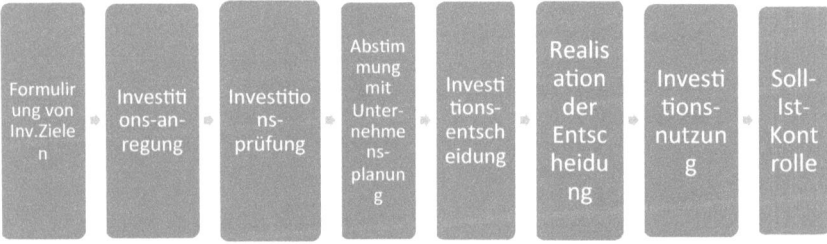

Investitionsmanagement

→ Teil des Management, das Entscheidungs- und Leistungskompetenzen auf folgende Bereiche erfüllt
- Erfassung der Investitionsziele (abgeleitete von UN-Ziele)
- Ablauf des Investitionsplanungsprozesses
- Investitionsentscheidung durchführen
- Steuerung der Investitionsrealisation
- Überwachung der Investitionserfolge

Investitionscontrolling (=Entscheidungsunterstützend)

→ Spezifische Teilführungssubsystem des Managements, das zielbezogene, koordinationsgerichtete Investitionsentscheidungen im Unternehmen mitverantwortlich efüllt:
- Versorgung des Unt. Mit entscheidungsrelevanten Informationen
- Begleitung und Ablaufkoordination des gesamten Investitionsplanungsprozesses
- Vorhaltung entsprechender Controlling Instrumente (Methoden)
  - Ansatz von Thomas Reichmann (Uni Dortmund) zur Methoden Nutzung: KLAUSUR
    - Statische Rechenverfahren (Durchschnittwerte, Kosten & Erlöse (mit AFA), 1 Perioden Verfahren)
    - Dynamische Rechenverfahren (Kapitalwert für jedes Jahr der ND exakt)
    - Nutzwertanalyse (Qualitäten erfassen)
    - Risikoanalyse (Politik, Qualität, Inflationsrisiken)
    - → bezieht sich etwas auf alle!

Vorteilhaftigkeit einer Investition

Bewertungskriterien für eine Investition

Quantitative Kriterien/ Kardinale Messung -->nummerisch (Gewinn, Kosten, Renta)	Qualitative Kriterien/ Ordinale Messung (wirtschaftliche, technische, soziale, ökologische, rechtliche)

Gesamte Bewertung einer Investition mit Ordinale Nutzwertanalyse

a) Erstellung einer Beurteilungsmatrix

Bewertungskriterium	Alternativ 1	Alt. 2	Alt. 3
Quantitative Bewertungsparameter			
- Kapitalwert			
- Amortisationszeit			
- Rentabilität			
- ...			
Qualitative Bewertungsparameter			
- Garantie			

- Kundendienst			
- Zuverlässlichkeit			
- Störanfälligkeit			
-			
WERTZAHL (SCORES)			

$$\text{Amortisationszeit statisch} = \frac{I0 - Liquidit\ddot{a}tserl\ddot{o}s}{Durschnittlichen\ Gewinn + Durschnittliche\ AFA\ (linear)}$$

b) Nutzwertanalyse mit integrierter Punktwert-Methode (Scoring Methode)

Verteilung von Punkten nach einem zuvor festgelegten Schema auf die qualitativen Parameter (auch Nutzwertanalyse genannt)

Ablauf:

- o   Festlegung der Gewichtung der qualitativen Parameter in %
- o   Festlegung einer Punkteschematik
- o   Multiplikation der Scores mit dem Gewichtungsparameter
    - a)   X Punkte * Gewichtungsparameter % = Nutzwert
- → Beispiel S 61

Bewertungsregeln:

- Nutwert von qualititativen Parameter max.
- Quantitative Parameter min. max.
    - → Optimierung!!!

Kapitalwert = Summe aller Barwerte = Net Present Value

$$KW = -Io + \sum[(ZeitWeinz * (1 + i)^{-t}) - (Zeitwert\ auszahlung * (1 + i)^{-t})]$$

$$Abzinsungsfaktor = \frac{1}{(1 + \frac{p}{100})^{t}}$$

Abzinsen weil: Risikoargument, Opportunitätsargument

P = zinsatz, i = p/100

$$Barwert = Zunkunftswert * Abzinsungsfaktor$$

→ **Ergebnisbewertung von KW**

- ▪ KW > 0 → Mindestzins ist erreicht + Cash-Flow in to
- ▪ KW = 0 → Mindestzins erreicht
- ▪ KW < 0 → Mindestzins NICHT erreicht

Aufzinsung = Compounding

$$Aufzinsungsfaktor = (1 + \frac{p}{100})^{t}\#$$

$$Endwert, Zukunftswert, Furter\ Value = Barwert * Aufzinsungsfaktor$$

Nutzungsdauertypen

- o   Rechtliche Nutzungsdauer (Vertag, Gesetz, Leasing etc.)

- o Technische Nutzungsdauer (Funktionstüchtigkeit → am Ende Kosten > Erlöse)
- o Betriebsgewöhnliche Nutzungsdauer (Steuerrechtliche Motivierte ND)
- o Wirtschaftliche Nutzungsdauer (Zeitspanne: Erlöse > Kosten, individuelle)
→ Desto größer ND desto größer Ungewissheit/ Risiko

Zins

Zins = Wert als auch Wert einer Kapitalnutzung

Idealer Zins = Ist allgemein d. h. Volkswirtschaftlich Wohlstandfördernd

Bestimmung von Zinssätzen
- *Ist-Renditeansatz*
  - a) Durchschnittliche Unternehmensrendite
  - b) Branchenübliche Verzinsung plus Inflationsaufschlag und Risikoaufschlag
- *Finanzierungsansatz (als Zinssatz)*
  - a) FK-Kosten (kalk. Zinsen > Soll-Zinsen FK)
  - b) EK-Kosten
  - c) Gewichtetes Mittel aus FK und EK-Kosten
  - d) $Mischzinsfuß\ bzw.\ p = \left[\frac{(is*FK)+(io*EK)}{FK+EK} + iextra\right] * 100$
- *Opportunitätskostenansatz*
  - a) Zins der nächstbesten ausgeschlossenen Investitionsalternative
  - b) Landesüblicher Zins risikoloser Anleihen
- *Steueransatz*
  - a) Zinssatz vor Steuern
  - b) Zinssatz nach Steuern (Pnach = Pvor *(1-s)
- *Willküransatz*

FINANZIERUNG = Mittelherkunft

Systematisierung der Finanzierung
a) **Finanzierungsgegenstand**
  - a. Finanzierung im engeren Sinn
    - i. Ausstattung des Unternehmen mit Geld und/ oder Sachmitteln
  - b. Finanzierung im weiteren Sinn
    - i. Plus die mit der Finanzierung zusammenhängenden Besicherungs-, Haftungs-, Kontroll-, und Informationsbeziehungen
b) **Kapitalherkunft und Rechtstellung des Kapitalgebers**
  - a. Herkunft des Kapitals
    - i. Außen- und Innenfinanzierung
  - b. Rechtstellung des Kapitalgebers
    - i. Eigen und Fremdfinanzierung
c) **Formen der Kapitalbeschaffung**

Innenfinanzierung	Außenfinanzierung	
Selbstfinanzierung	Beteiligungsfinanzierung	Fremdfinanzierung
Eigenfinanzierung		

Selbst bzw. Innenfinanzierung
- o Finanzierung aus einbehaltenen Gewinnen (Thesaurierung)
- o Finanzierung durch Rückstellungsgegenwerten
- o Finanzierung durch Afa- Gegenwerte
- o Finanzierung durch Vermögensumschichtung (Aktiva) (Stille Reserven heben, Freisetzung von Betriebsnotwendigen Kapital)

Mezzanine Kapital = Mezzanine – Finanzierung
→ hybride Finanzierung → Finanzierung mit EK+ FK Charakter

d) Ziele der Finanzplanung
- o Kapitalkostenminimierung
- o Sicherstellung der Zahlungsbereitschaft (für die Investition und die Rückabwicklung der Finanzierung: Zins + Tilgung = Annuität)
  - a) Situative Liquiditätssicherung (tägliche Abstimmung der Zahlungsströme)
  - b) Strukturelle Liquiditätssicherung (=Fristenkongruenz, d.h. Gleichgewichtigkeit von Finanzierung und Investition)

Fristentransformationsprinzip

$IN_{lang} = FIN_{lang}$

$IN_{mittel} = FIN_{lang} + FIN_{mittel}$

$IN_{kurz} = FIN_{lang} + FIN_{mittel} + FIN_{kurz}$

KENNZAHLEN

→ „Quantitative Daten, die als bewusste Verdichtung (= Grenze) der komplexen Realität über zahlenmäßig erfassbare betriebswirtschaftliche Sachverhalte informieren sollen.

Aufgaben von Kennzahlen

→ Aufdecken von Stärken und Schwächen **durch**:
- Soll- Ist – Vergleiche
- Zeitvergleich
- Betriebsanalyse
- Betriebsvergleich

Funktionen von Kennzahlen:

- o Operationalisierungsfunktion (konkret erfassen)
- o Anregungsfunktion (Kosten einsparen, Ziele setzen)
- o Vorgabefunktion
- o Steuerungsfunktion
- o Kontrollfunktion

Kennzahlarten
1. **Absolute Zahlen**
    a. Einzelwerte
    b. Summenwerte
    c. Differenzenwerte
    d. Mittelwerte
2. **Relative Kennzahlen (Verhältniswerte)**
    a. Gliederungszahlen
        Anteil einer Teilgröße an seiner Gesamtgröße
    b. Beziehungszahlen
        Verhältnis zweier verschiedener Größen, die in einem bestimmten sachlichen Zusammenhang zueinander stehen
    c. Indexzahlen
        Zeitliche Veränderungen einer bestimmten Größe

Kennzahlensysteme = Anhäufung von Kennzahlen um etwas zu verstehen

a) Ordnungssysteme

Zuordnung von Kennzahlen zu einem bestimmten Sachverhalt, dem sich über mehrere Ebenen weitere Kennzahlen zuordnen lassen, keine mathematische Verknüpfung der Kennzahlen untereinander

b) Rechnersysteme

Mathematisch miteinander verknüpfte Kennzahlen, wo sich Veränderungen einer Kennzahl auf andere auswirken. Denn jede Kennzahl ist das Ergebnis vorgelagerte Kennzahlen, die wiederum einen rechnerischen Einfluss auf nachstehenden Kennzahlen haben.

z. B.

- Du-Piont-Schema

- ROI-Baum

- RL-System

Grenzen von Kennzahlensysteme:

- Vergangenheitsorientiert
- Zu eng
- Verzerrte Realität
- Ignorieren Notwendigkeiten
- Starr

Kennzahlenanalyse BSP Skript 76

Leverage-Effekt = Hebeleffekt = „Financial Leverage" = EK-Rent

$$EKrent = GKrent \left(= \frac{Gewinn \ (vor \ Finanz.)}{GK \ (= EK + FK)} * 100 \right) + (GKrent - FKzinsen) * VGstat. \left(= \frac{FK}{EK} \right)$$

- Positiver Leverage = GKrent > FKzinsen → VG stat maximieren
- Negativer Leverage = GKrent < FK zinsen → EKrent minimieren

BSP S84 – 87

Methoden der Investitionsrechnung

1. Statische Kostenvergleichsrechnung
2. Statische Gewinnvergleichsrechnung
3. Statische Rentabilitätsvergleichsrechnung
4. Statische Amortisationsvergleichsrechnung
5. Dynamische Amortisationsrechnung
6. Kapitalwertmethode
7. Interne Zinsfußmethode
8. Annuitätenmethode
9. Vor- und Nachschüssige Rentenbar und Rentenendwerte
10. Modell der Ewigen Rente

Statische Investitionsrechnung	Dynamische Investitionsrechnung
- Betrachtung einer Repräsentativen Periode (1- Periodenverfahren) - „Denken im Durchschnitt" - Praktiker verfahren - Kosten + Erlöse (keine Zahlungsströme)	- Mehr-Periodenverfahren - → Zahlen für jede Periode der Nutzungsdauer - Genaues Rechnen - Ein und Auszahlungen (OHNE AFA!!!!)

Statische Investitionsrechnung S. 91

1. Kostenvergleichsverfahren
   Gegenüberstellung der durchschnittlichen Kosten und Auswahl der Kostengünstigsten Variante

$$\boldsymbol{Kosten} = laufende \ Kosten + linare \ AFA \left(= \frac{Io - Liqu.}{ND} \right) + kalkulatorischerZins \ ($$

$$= \left[\left(\frac{Io - Liqu.}{2} + L \right) * i \right])$$

2. Kritischer Wert bzw. Menge

$$xkritisch = \frac{kfix \ A - Kfix \ B}{Kvari \ A - Kvari \ B}$$

Oder : Gleichsetzten!

Kritische Würdigung:

Kostenvergleichsrechnung:

Einfache Handhabung	Einperiodenverfahren
Erfüllung der Zielsetzung Kostenmanagement	Kapital muss nicht Durchschn. gebunden sein
Anwendbar bei Investitionen ohne Zurechenbarkeit von Erlösen	Sich verändernde Kostenstrukturen werden nicht genau erfasst
	Gesamtkosten über die ND bleiben unbeachtet und beeinflussen die Entscheidungsfindung nicht
	Durchschnittskosten

Gewinnvergleichsrechnung

Praktikermethode	Der absolute GW fehlt bei der Entscheidungsfindung = Durchschn. GW *ND
Formalzieladäquat (G als Teilelement d. Rentabilität	Zurechenbarkeit der Erlöse kann problematisch sein; Erlösverursachungsprinzip = soll, wenn nicht geht: Durchschn. Prinizp, Tragfähigkeitsprinzip
	Nichtberücksichtigung des Kapitaleinsatzes

Statische Rentabilitätsvergleichsrechnung

Absolute Vorteilhaftigkeit wird abgebildet	Arbeitet mit Durchschnittswerten
Formalzieladäquat	Untersch. ND werden nicht berücksichtigt in d. Rentabilitätsaussage (vgl. x p.a.)
Vergleiche möglich	Zeitlicher Refinanzierungskorridor bleibt unerfasst

Statische Amortisationszeit (Kummulaitonsrechnung)

Zeitfaktor d. Wiedergewinnung d. Kapitalelnsatzes wird erfasst (Risikofaktor)	Existenz weiterer Risikofaktoren neben der Zeit Lösung: Nutzwertanalyse hinzufügen bzw. Quantifizierung anderer Risiken
	Zeitlichen Anfall d. Rückflusses ist unsicher
	Zeitraum nach Amortisation mit seinen Rückflüssen bleibt unbeachtet
	Kummulationsrechnung hat dynamischen Charakter

Dynamische Amortisationszeit

Prämissen:

- Mehrperiodenrechnung
- Ein- und Auszahlungen
- Keine Afa
- Abzinsung (Was ist Geld aus der Zukunft jetzt wert?)

Weg der AZdyn-Bestimmung

- Abzinsung der Rückflüsse
- Kummulierung der Zahlungsüberflüsse bis Jo
- U.U. Interpolieren

Opportunitätskostenargument	Mindestzins kann ich ändern
genauer	Barwerte nach AZ nicht berücksichtigt
	AZ als Risiko nicht ausreichend

Interner Zinsfuß

Ansatz: Der Zinssatz, der beim Abzinsen der Zahlungsströme zu einem KW von 0 führt = Effektivverzinsung einer Investition

Workload Prüfung (Anlagenziele)

Magisches Dreieck

Anlagenziele		
Rentabilität	Sicherheit	Liquidität
Ertragsfähigkeit d. Anlage	Risiko d. Anlage	Verfügbarkeit d. Anlage

Weiteres könnte sein: Nachhaltigkeit

Zielkonflikte:

Hohe Rentabilität ist in der Regel mit hohen Risiken verbunden.
Hohe Sicherheit muss mit Abstrichen an der Rendite erkauft werden.
Kurzfristige Geldanlagen erbringen in der Regel niedrige Renditen als langfristige Anlagen.
Ausnahmen hiervon zeichnen sich in gelegentlich vorkommenden Perioden mit inversen Zinsstrukturen, in denen für kurzlaufende Anlagen höhere Zinsen als für Langläufer bezahlt werden

Wertpapiere:

Ein Wertpapier ist eine Urkunde, die bestimmte Rechte, wie etwa die Miteigentümerschaft an einem Unternehmen, verbrieft. Ohne die Urkunde kann das Recht nicht geltend gemacht werden.
Zum Sammelbegriff Wertpapier zählen Aktien, Obligationen, Optionsscheine, Anleihen und Wandelanleihen.

Es verbrieft ein privates Vermögensrecht (Es gibt Forderungsrechte, Sachenrechte und Mitgliedschaftsrechte)

Basisrisiken von Wertpapieranlagen:

- **Währungsrisiken:** Verlustgefahr bei Veränderung des Devisenkurses bei Anlagen in fremder Währung (Risiko der Abwertung d. Auslandswertung)
- Inflationsrisiken: Gefahr von Kaufkraftverlust durch Geldentwertung
- Konjunkturrisiken: Gefahr von Kursverlusten durch Konjunkturschwankungen

Schuldverschreibungen (Anleihen)

Schuldverschreibungen (Anleihen) sind Wertpapiere, die Forderungsrechte verkörpern. Der Inhaber einer Schuldverschreibung hat grundsätzlich

- Anspruch auf Zinsen
- Anspruch auf Rückzahlung

Schuldverschreibungen dienen den Ausstellern (Emittenten) zur Beschaffung von Fremdkapital auf dem Kapitalmarkt. Es sind verbriefte Kredite

Bundesanleihe:

Dienen der Beschaffung langfristiger Mittel. Ihre Laufzeit beträgt meistens 10 Jahre es werden aber auch 30 jährige Anleihen begeben. Es handelt sich um Einmalemissionen im Tenderverfahren in Euro oder fremder Währung (zb. USD)

Bundesobligationen:

Laufzeit: 5 Jahre im Tenderverfahren begeben und zum Handel an allen dt. Börsen eingeführt. Es werden jährlich drei Serien in den Monaten Februar, Mai und Oktober begeben und im jeweils darauffolgenden Monat aufgestockt. Natürliche Personen, gebietsansässige, gemeinnützige, mildtätige oder kirchliche Einrichtungen sowie mehrheitlich aus natürlichen Personen bestehende Wohnungseigentümergemeinschaften können die aktuelle Serie im Direktvertrieb spesenfrei bei der Deutschen Finanzagentur erwerben.

Wandelanleihe: Hybride Finanzierung

=Bank- oder Industrieschuldverschreibungen, die neben dem Forderungsrecht bestimmte Sonderrechte verbriefen.

Wandelanleihen sind Schuldverschreibungen, die dem Gläubiger das Recht einräumen, die Schulverschreibungen in Aktien der ausgebenden Gesellschaft zu tauschen. Mit Ausübung des Wandlungsrechts erlischt das Forderungsrecht auf Rückzahlung der Anleihe. Der Gläubiger wird Aktionär. Beim Emittenten wird Fremdkapital in Eigenkapital umgewandelt. Bis zur Wandlung beschafft sich der Emittent preiswert Fremdkapital.

Bei Ausgabe einer Wandelanleihe sind festzulegen:

- Wandlungsverhältnis
- Wandlungsfrist
- U.U. erforderliche Zuzahlung

Für die Wandelentscheidung ist der Börsenkurs der Aktie maßgeblich. Steigt dieser über den Wandlungspreis, wird eine Wandlung attraktiv.

Vorteile für den Emittenten	Vorteile für den Anleger
Zinssatz d. Wandelanleihe liegen unter Zinssätze für Schuldverschreibung. Also kostengünstig	Anleger hat Anspruch auf feste Verzinsung u. Rückzahlung, solange nicht gewandelt
Fremdkapital muss nicht getilgt werden, wenn Gläubiger wandelt	Kursverluste an der Börse sind durch den Rückzahlungsanspruch begrenzt
ZAW für Wandelanleihen senken steuerpflichtigen GW	Laufende feste Verzinsung

Formalziele Nach welchen Regeln soll das Leistungs- angebot spezifiziert werden?	Sachziele Was soll angeboten werden?
Festlegung von • **Umsatzzielen:** Welche Umsätze sollen auf welchen Strecken von Rheinair generiert werden? • **Kostenzielen:** Im Bereich Fluggastabfertigung muss Rheinair signifikant die Kosten senken. • **Gewinnzielen:** Auf einigen Strecken übersteigen die Kosten deutlich die Erlöse. Hier muss Kostenmanagement betrieben werden. • **Rentabilitätszielen:** Beispielsweise würde die Gesamtkapitalrendite die Verzinsung des eingesetzten Kapitals ausweisen. • **Liquiditätszielen:** Wie zahlungsfähig ist Rheinair? Man möchte allen Verbindlichkeiten schnell nachkommen können und strebt daher eine Liquidität zweiten Grades von 150 % an.	Festlegung von Produkt- bzw. Produktionszielen • **Dienstleistungsportfolio:** Welche Services sollen an Bord und am Boden angeboten werden? • **Flugangebote:** Es muss die Anzahl der bei Rheinair auf einer Strecke angebotenen Flüge festgelegt werden. Um hier flexiblere Flugbuchungen zu erwirken, sollen die Flugziele zukünftig viermal statt dreimal angeflogen werden. • **Destinationen:** Es soll eine Ausweitung des Flugziel-Netzes erfolgen. • **Komplementärangebote:** Man strebt an, mit Partnern auch Hotelübernachtungen und Mietwagenangebote zu inkludieren. Zunächst sollen attraktive Hotelangebote am eingegebenen Zielort automatisch angeboten werden.

Abb. 47: Ausgewählte Formal- und Sachziele der Rheinair AG
(Quelle: in Anlehnung an WÖHE 2008, S. 78)